BEI GRIN MACHT SICH WISSEN BEZAHLT

- Wir veröffentlichen Ihre Hausarbeit, Bachelor- und Masterarbeit

- Ihr eigenes eBook und Buch - weltweit in allen wichtigen Shops

- Verdienen Sie an jedem Verkauf

Jetzt bei www.GRIN.com hochladen und kostenlos publizieren

Bibliografische Information der Deutschen Nationalbibliothek:

Die Deutsche Bibliothek verzeichnet diese Publikation in der Deutschen Nationalbibliografie; detaillierte bibliografische Daten sind im Internet über http://dnb.d-nb.de/ abrufbar.

Dieses Werk sowie alle darin enthaltenen einzelnen Beiträge und Abbildungen sind urheberrechtlich geschützt. Jede Verwertung, die nicht ausdrücklich vom Urheberrechtsschutz zugelassen ist, bedarf der vorherigen Zustimmung des Verlages. Das gilt insbesondere für Vervielfältigungen, Bearbeitungen, Übersetzungen, Mikroverfilmungen, Auswertungen durch Datenbanken und für die Einspeicherung und Verarbeitung in elektronische Systeme. Alle Rechte, auch die des auszugsweisen Nachdrucks, der fotomechanischen Wiedergabe (einschließlich Mikrokopie) sowie der Auswertung durch Datenbanken oder ähnliche Einrichtungen, vorbehalten.

Impressum:

Copyright © 2013 GRIN Verlag, Open Publishing GmbH
Druck und Bindung: Books on Demand GmbH, Norderstedt Germany
ISBN: 9783668228900

Dieses Buch bei GRIN:

http://www.grin.com/de/e-book/323993/die-erziehung-der-kinder-bei-den-indianern-nordamerikas

Kathleen Sprenkelmann

Die Erziehung der Kinder bei den Indianern Nordamerikas

Welche Ideen können daraus für die Erziehung in unserer heutigen Gesellschaft abgeleitet werden?

GRIN Verlag

GRIN - Your knowledge has value

Der GRIN Verlag publiziert seit 1998 wissenschaftliche Arbeiten von Studenten, Hochschullehrern und anderen Akademikern als eBook und gedrucktes Buch. Die Verlagswebsite www.grin.com ist die ideale Plattform zur Veröffentlichung von Hausarbeiten, Abschlussarbeiten, wissenschaftlichen Aufsätzen, Dissertationen und Fachbüchern.

Besuchen Sie uns im Internet:

http://www.grin.com/

http://www.facebook.com/grincom

http://www.twitter.com/grin_com

Inhaltsverzeichnis

1 Einleitung   1

2 Wissenswertes über die Ureinwohner Nordamerikas   1

3 Die indianische Familie   2
   3.1 Die indianische Definition von Familie   2
   3.2 Das indianische Verständnis von Ehe   2
   3.3 Beziehungen und Bindungen   3

4 Das Bild vom Kind   3
   4.1 Die Stellung innerhalb der indianischen Gemeinschaft   3
   4.2 Die Bedeutung des Namens   4
   4.3 "Besondere Kinder"   4

5 Die indianische Erziehung   5
   5.1 Traditionelle Erziehungsmethoden und -maßnahmen   5
      5.1.1 Den Großeltern zuhören   5
      5.1.2 Beobachtung und Nachahmung   6
      5.1.3 Das Lob   6
      5.1.4 Der Spott   7
   5.2 Erziehung des Jungen   7
   5.3 Erziehung des Mädchens   7
   5.4 Moralische Erziehung   7
      5.4.1 Funktionale Erziehung   8
      5.4.2 Intentionale Erziehung   8

6 Mögliche Impulse für heutige Erziehungsmaßnahmen   8
   6.1 Unterstützende Erziehungsmaßnahmen   9
      6.1.1 Verständnis von Lob   9
      6.1.2 Verständnis des Spiels   9
   6.2 Gegenwirkende Erziehungsmaßnahmen   10
      6.2.1 Körperliche Gewalt   10
      6.2.2 Verspotten und Beschämen   11

7 Fazit   12

8 Literaturverzeichnis   13

1 Einleitung

Als Christopher Kolumbus amerikanischen Boden betrat, wägte er sich in Indien und nannte die ihm begegnenden Ureinwohner daher Indianer. Er hatte aber einen Kontinent betreten, der jahrhundertelang frei von europäischer Prägung und Entwicklung war.
Und so hatte sich auch dort die Erziehung und das Bild vom Kind anders entwickelt. Im folgenden soll ein Blick auf die indianische Erziehung geworfen und die Frage beantwortet werden, ob sie mögliche Impulse für unsere heutige Pädagogik geben kann. Dafür wird zuerst der Aufbau und das Miteinander der indianischen Familie beleuchtet um darüber auf das Bild vom Kind bei den Indianern einzugehen. Weiterhin wird ein Einblick in die traditionellen indianischen Erziehungsmaßnahmen gegeben, indem die wichtigsten kurz umrissen und erläutert werden. Anschließend werden sie exemplarisch mit heutigen pädagogischen Erziehungsmaßnahmen verglichen um festzustellen, inwiefern sich die unabhängig voneinander ausgebildeten Erziehungsansichten gleichen oder auch unterscheiden. Abgerundet wird die Arbeit von einem Fazit.

2 Wissenswertes über die Ureinwohner Nordamerikas

Das durch Literatur, zum Beispiel (z. B.) die Romane von Karl May und Medien verbreitete Bild des Indianers ist eine Stilisierung des Prärieindianers, der sich mit Einführung des Pferdes durch die Europäer expansionsartig über die Prärien und Plains ausbreitete. Gegebenenfalls sind noch die Puebloindianer bewusst, welche mit Ponchos bekleidet waren und in rechteckige Behausungen in den Felsen des Gran Canyons lebten. Doch jeder Stamm (auch: Clan, ethnische Gruppe) hatte seine Eigenheiten, welche durch die Vermischung mit benachbarten Stämmen und durch die Anpassung an die sie umgebene Umwelt entstanden sind. Daher ist es nach wissenschaftlicher Auffassung kaum möglich eine einwandfreie und korrekte Gliederung der ethnischen Gruppen innerhalb des Begriffes "Indianer" zu finden.[1]
Nach FRITZ SEIDENFADEN werden sie in fünf grobe Bereiche aufgeteilt, die nur zum besseren Verständnis dienen und keinen Anspruch auf Richtigkeit gelten machen:
"1. Die Plains und Prärien
2. Der Südwesten und Nordmexiko [...]
3. Kalifornien, Great Basin und Plateau
4. Die Nordwestküste
5. Der Osten und das subarktische Gebiet"[2]
Aufgrund dieser immensen Verbreitung der ethnischen Gruppen auf dem nordamerikanischen Kontinent treten unter anderem die unterschiedlichen Lebensweisen auf. Deshalb kann es schwirig sein über die Erziehung der Kinder zu sprechen. Um so erstaunlicher ist es, dass es eine gewisse, einheitliche Grundnorm zu geben scheint, die sich bei den

---
[1] vgl.. S.15 [Sei93]
[2] siehe S. 15f [Sei93]

verschiedenen Stämmen und Stammgruppen finden lässt.[3] Nach populärwissenschaftlicher Auffassung kamen die ersten Menschen von Norden über eine Landbrücke zwischen Amerika und Asien während der letzten Eiszeit auf den Kontinent. Doch in letzter Zeit ergaben die Altersbestimmung einiger archäologischen Funde einen Zeitwert, der deutlich vor der letzten Eiszeit liegt. Die These wurde daher in den Hintergrund gerückt und es wird nach einem neuen Ansatz zur Klärung der Besiedelung Nordamerikas gesucht.[4] Alles in allem ist es wichtig das Thema ganzheitlich zu betrachten, da die Erziehung im Einzelnen immer unmittelbar mit den weiteren Lebensbereichen und der direkten Umwelt im Zusammenhang steht.[5]

3 Die indianische Familie

3.1 Die indianische Definition von Familie

Zur Kernfamilie zählen die Kinder und ihre Eltern. Daraufhin folgen die Großeltern und eventuelle weitere Ehefrauen des Vaters, sowie alle Brüder und Schwestern. Jede Kernfamilie hatte ihre eigene Behausung, doch es ging auch extremer. Zum Beispiel bei den Irokesen lebten all diese Generationen ihr Leben lang in einem gemeinsamen Langhaus.[6]
Im allgemeinen ist das was als engster Verwandtenkreis bezeichnet wird für europäische Verhältnisse schon sehr weitläufig. Tanten und Onkel werden nämlich auch als Mütter und Väter verstanden. Daraus erschließt sich, dass deren Kinder als Brüder und Schwestern gelten, genauso wie Halb- und Stiefgeschwister. Jedem Verwandtschaftsgrad ist ein genau geregeltes Verhalten gegenüber dem Kind zugeteilt, welches auch die Beziehung zwischen dem Kind und dem Verwandten stark beeinflusst. So ist es zumeist die Aufgabe des Bruders der Mutter (Onkel mütterlicherseits) die Kinder zu disziplinieren.[7] (siehe ...)
Eine weit verbreitete und beliebte Methode des Familienzuwachses war die Adoption von Waisen, Halbwaisen und unehelichen Kindern. Des weiteren wurden auch Kriegsgefangene jeden Alters in den Clan durch Adoption aufgenommen. Dies galt für Indianer anderer Stämme genauso wie für europäische Einwanderer.

3.2 Das indianische Verständnis von Ehe

Bei den Indianern Nordamerikas galt eine strenge Clan-Exogamie. Ein Clanmitglied durfte nur ein Mitglied eines anderen Clans heiraten. Doch im Gegensatz zu der heutigen europäischen Auffassung vom Heiraten, hatte diese bei den Indianern kaum etwas mit Liebe, sondern mit dem Erhalt des Stammes zu tun. Deshalb kam es auch häufig zu Scheidungen, die aber keine größere Aufmerksamkeit auf sich zogen. Auch wurden keine Zeremonien abgehalten. Ein Ehepartner ist lediglich zum Clan des anderen gezogen und das Zusam-

---

[3]vgl.. S. 101ff [Fah04]
[4]vgl.. S. 8ff [Wer08]
[5]vgl.. S. 101 ff. [Fah04]
[6]vgl.. S. 41 [Wer08]
[7]vgl.. S.5f [Lud07]

menwohnen war der Beginn der Ehe.[8]
Einhergehend mit diesen Regeln zur Beschließung einer Ehe galt ein absolutes Inzesttabu zwischen Bruder und Schwester als auch zwischen Cousin und Cousine, welche nach dem indianischen Familienverständnis ebenfalls Geschwister waren. Selbst ein falsch interpretierter Blick oder ein alleiniges Treffen von Bruder und Schwester konnte schon zu schwerwiegenden Inzestanschuldigungen führen.[9]

3.3 Beziehungen und Bindungen

Das Kind tritt den Eltern mit einer respektvollen Distanz gegenüber, welche sich in einem scheuen und zurückhaltenden Verhalten zeigt. Scherzhafte Unterhaltungen, eventuell sogar mit einem anzüglichen Witz, sind aufs Äußerste verpönt. Im Gegensatz dazu ist die Beziehung zu den Großeltern um so herzlicher. Sie können offen miteinander reden. Die Großeltern haben nicht die Verantwortung der direkten Disziplinierung gegenüber ihren Enkelkindern. Aufgrund des ungezwungenen Miteinander obliegt die sexuelle Aufklärung dem Verantwortungsbereich der Großeltern.[10] Die stärkste Bindung allerdings besteht zwischen gleichgeschlechtlichen Geschwistern. Diese äußert sich durch eine ausgesprochene Hilfsbereitschaft gegenüber dem anderen, sowie der Beistand in negativen als auch positiven Momenten.[11]
Wie in Kapitel 3.1 beschrieben, besteht die engste Familie aus einer sehr großen Anzahl an Menschen. Diese weiteren Beziehungen zu beleuchten und eventuell zu erläutern, würde den Rahmen dieser Arbeit sprengen.[12]

4 Das Bild vom Kind

4.1 Die Stellung innerhalb der indianischen Gemeinschaft

Die Inuit glaubten "die Seele des Kindes sei die eines verstorbenen Verwandten, der dem Kind seine Kenntnisse und Kräfte mitgegeben habe."[13] Neben den meisten anderen Stämmen lehnten auch die Inuit die Strafe der körperlichen Züchtigung ab.[14]
Im Allgemeinen waren die Kinder bei den Indianern Nordamerikas bis zu ihrem vierten, manchmal auch erst sechsten Lebensjahr frei von bewussten erzieherischen Maßnahmen. Es wurde in das Kind selbst von Anfang an ein großes Vertrauen hinsichtlich seiner Fähigkeiten und Fertigkeiten gesetzt. Kinder konnten tun und lassen was sie wollten, auch Ort

---

[8] vgl.. S. 40ff [Wer08]/ S. 113 [Egg00]
[9] vgl.. S. 6f [Lud07]
[10] vgl. S. 24ff [Sei93]
[11] vgl. S. 6 [Lud07]
[12] Sie können aber in [Sei93] S. 24 ff. nachgelesen werden.

[13] siehe S. 44 [Wer08]
[14] vgl. S. 14 [Lud07]

und Zeit spielten keine Rolle. Die Erwachsenen begegneten ihnen mit einer ausgesprochen positiven Grundhaltung, natürlich nicht ohne Absichten. Kinder sicherten das Fortbestehen des Clans, dessen Traditionen und Wissen an sie weitergegeben und somit auch bewahrt werden konnten.[15] Die Kinder wurden mit sehr großer Sorgfalt, einem hohen Maß an Verantwortungsgefühl, aber auch mit Zärtlichkeit und Liebe von ihren Eltern aufgezogen. Nicht die Anzahl der Kinder war bestimmend für das Ansehen der Familie innerhalb des Stammes, sondern wie wohlerzogen das einzelne Kind war. Zu viele Kinder galten schon als Zeichen mangelnder Selbstdisziplin seitens der Eltern und das Ansehen schwand wieder. Bei den Stämmen variierte die richtige Anzahl der Kinder von zwei bis fünf.[16] Aufgrund dieser Einstellung konnte die Mutter ihr Neugeborenes intensiv betreuen, bis hin zu mehreren Jahren.[17]

4.2 Die Bedeutung des Namens

Der Name eines Kindes wurde nicht willkürlich gewählt. Der Name sollte Träger von Lebenskraft sein und das Kind auf seinem Weg bestärken. Die Namensgebung war stark von Visionen der Clanmitglieder beeinflusst, welche vergangene Taten aus der Stammesgeschichte oder auch zukünftige Ereignisse im Leben des Neugeborenen beinhalteten.[18] Namen konnten sich im Laufe eines Lebens ändern und verschiedene Funktionen innehaben. Wurde einem Kind ein Spitzname gegeben, so hatte dieser zumeist einen erzieherischen Hintergrund auf den Betroffenen. Weiterhin war es möglich sich durch hervorragende persönliche Leistung einen Ehrennamen zu erwerben, den man dann bis zu seinem Lebensende inne behielt.[19]

So kann z. B. ein Junge zu seiner Geburt durch eine Vision seines Großvaters "Zwei verletzte Bären" heißen. Eventuell bringt ihm später die Form seiner Nase den Spottnamen "Langnase" ein. Als junger Mann könnte er eine kriegerische Heldentat vollbracht haben, deren er durch den Ehrennamen "Der schneller rennt als sein Pferd" gewürdigt wurde.[20]

4.3 "Besondere Kinder"

Im Weltbild der Indianer waren einige Kinder besonders, im positiven als auch im negativen Sinne. Missgebildete Kinder wurden meistens gleich nach der Geburt ausgesetzt. Das hatte aber wenig mit Ekel oder anderen Gefühlsregungen zu tun, sondern eher mit der Tatsache, dass diese Kinder im harten Indianerleben keine Chance zum Überleben hätten. Bei einigen Stämmen jedoch galten sie als Unglücksbotschaft, genauso wie die Geburt von Zwillingen. Auch diese wurden manchmal ausgesetzt, da man ihnen eine Verbindung mit übernatürlichen Mächten nachsagte. Diese Kinder auszusetzen war aber die alleinige Entscheidung der Eltern. Wenn sie es nicht taten, wurde das ebenso vom Rest der Gemein-

---

[15] vgl. S. 42f [Wer08]/S. 55 [Hir01]/S. 4;14 [Lud07]
[16] vgl. S. 23 [Sei93]
[17] vgl. S. 5 [Lud07]
[18] vgl. S. 11 [Lud07]
[19] vgl. S. 33f [Sei93]
[20] vgl. S.17 [Piq06]

schaft akzeptiert, genauso wie das Aussetzen der Kinder. Den Zwillingskindern wurde mit unterschiedlichen Einstellungen begegnet, abhängig von der ethnischen Gruppe, in die sie hineingeboren wurden. Entweder wurde ihnen Achtung und Ehrfurcht gezollt oder es wurde ihnen mit Angst und Entsetzen gegenübergetreten. Es gab aber auch Stämme bei denen eine Geburt von Zwillingen nichts besonders war.[21]

Des weiteren berichtet die Literatur[22] über die Existenz von "Bevorzugten Kindern", deren Erforschung sich als ziemlich schwierig erweist. Fest steht nur, dass diese Kinder eine besondere Stellung innerhalb ihres Stammes hatten und keiner Erziehung ausgesetzt waren. Sie erfüllten repräsentative Zwecke, während die anderen Clanmitglieder sich um die Versorgung dieses Kindes kümmerten.[23]

5 Die indianische Erziehung

5.1 Traditionelle Erziehungsmethoden und -maßnahmen

Bei den Lakota Sioux gab es die Tradition, dass die Frauen einem Mann, der eine Tätigkeit verrichtete, die als Frauenarbeit galt, zum Spott in Frauenkleider steckten. Auch war die Sprache besonders geschlechtsspezifisch geprägt, bis hin zu Ausdrucksweisen, die nur Frauen oder Männer unter sich verwandten. Das jeweils andere Geschlecht kannte noch nicht mal die Bedeutung des Wortes.[24]

An diesem Beispiel ist zu sehen, wie sehr die Indianer auf eine Trennung der Geschlechter Wert legten. Deshalb war es wichtig den Kinder ihre zugedachten Rollen näher zubringen, jedoch unterschieden diese sich auch nach den einzelnen Kulturregionen. So war es bei den Stämmen der Ostküste die Aufgabe der Mädchen die Felder zu bestellen, während bei den Pueblo-Indianern alleine den Jungs diese Tätigkeit oblag.[25]

5.1.1 Den Großeltern zuhören

Da die älteren Stammesmitglieder meistens nicht mehr bei den körperlich anstrengenden Tätigkeiten wie Jagen oder Felder bewirtschaften mithelfen konnten, oblag ihnen die Aufgabe den Kindern und Jugendlichen das Wissen des Stammes weiterzugeben. Es wurden dabei folgende Inhalte vermittelt: Erzählungen, Legenden, Sagen, Geschichten, Bräuche, Traditionen, Herkunft, Gesetze des Volkes, Weltentstehung, praktische Anleitungen (z.B. Fischen, Heilungsrituale durchführen) und Lebensweisheiten

Die Kinder hatten den Älteren respektvoll zuzuhören und sollten sich die Informationen, die

---

[21] vgl. S. 42 [Wer08]/S. 23f [Sei93]
[22] In [Sei93] S. 51f findet sich ein kleiner Exkurs zu dem Thema.

[23] vgl. S. 51f [Sei93]/S. 8ff [Lud07]
[24] vgl. S.39 [Wer08]
[25] vgl. S. 38ff [Wer08]

an sie weitergegeben wurden, einprägen, behalten und später an ihre Enkelkinder weitergeben, denn die Indianer verwendeten keine Schrift um ihr Wissen zu sichern.[26]

5.1.2 Beobachtung und Nachahmung

Die Kinder sollten alleine ihre Entdeckungen und Erfahrungen machen. Durch das Treffen eigener Entscheidungen machten sie auch Fehler, aus denen die Kinder dann wiederum lernten.[27] Des weiteren ahmten sie die Tätigkeiten ihrer Eltern nach. Bei den Erwachsenen beobachteten sie die sozialen Folgen von Taten einzelner Stammesmitglieder. Entweder wurden sie aufgrund ihrer Tat gemieden oder hoch verehrt. Dies nahmen die Kinder in ihren Erfahrungsschatz mit auf.[28]
Die Mädchen begleiteten ihre weiblichen Verwandten bei der täglichen Arbeit. Sie hatten der Mutter im Haushalt zu helfen. Durch das Nachahmen der Mutter und detaillierter Anleitung sollte die Tochter auf das Führen eines eigenen Haushaltes vorbereitet werden. Verließ die Mutter die Behausung um draußen Tätigkeiten zu erledigen, war das eine automatische Übertragung an die Tochter auf die jüngeren Geschwister aufzupassen.[29]
Alles in allem war jedoch auch der gesamte Clan zuständig für die Erziehung und Fürsorge der Kinder in der Gemeinschaft. Alle Erwachsenen hatten eine Vorbildfunktion inne über die sie bestenfalls soziale Werte wie Mitleid und Respekt (vor allem den Älteren gegenüber) vorlebten und diese durch das Beobachten und Nachahmen von den Kindern übernommen wurden.[30]

5.1.3 Das Lob

Die vorherrschende Erziehungsmethode bei allen ethnischen Gruppen der Indianer war das Lob. Selbst Verlierer von Wettkämpfen oder anderer Tätigkeiten, bei denen die Teilnehmer immer im Vergleich zueinander stehen, werden für ihre Bemühungen gelobt. Auch Verhalten, dass scheinbar nicht erwähnenswert scheint wird geachtet, wie z. B. das Grüßen eines Verwandten oder der wiederholte Treffer bei Schießübungen mit Pfeil und Bogen.
Bei dem Stamm der Crow wurde das Lob gesungen, wenn der Heranwachsende von seinem ersten Kriegszug heimgekehrt war.[31]

---

[26] vgl. S. 12f [Sim10]/S. 54f [Hir01]/S. 6,10 [Lud07]
[27] vgl. S. 54f [Hir01]
[28] vgl. S. 10f [Lud07]
[29] vgl. S.112f [Egg00]/S. 7,11 [Lud07]
[30] vgl. S. 6,10 [Lud07]
[31] vgl. S.44 [Wer08]

5.1.4 Der Spott

Der Spott wurde dann eingesetzt, wenn bei dem Kind eine langfristige Verhaltensänderung gewünscht war. Das Verhalten oder eine Tat entsprach in dem Falle nicht den Normen und Werten des Clans. Bei den Stämmen der Plains gab es sogar jeweils einen Verwandten, der zuständig war ein Kind zu verspotten. Dieser Spott wurde auch mal derber und etwas gemein.[32]

5.2 Erziehung des Jungen

Ziel der Erziehung des Jungen war es ihn zu einem stattlichen Krieger und Jäger zu machen. In Vorbereitung hierzu erlernte er überlebenswichtige Fähigkeiten und Fertigkeiten. Die Jungs trainierten bei sportlichen Aktivitäten, Wettkämpfen und Mutproben wie dem Bogenschießen oder Wettläufen. Dabei wurden sie auch immer wieder von den Erwachsenen gelobt (siehe 5.1.3). Die Jungs lernten auch, indem sie die kampferprobten Männer imitierten und sich von ihnen belehren ließen.[33]

5.3 Erziehung des Mädchens

Mädchen konnten Ansehen innerhalb des Stammes durch gute Handarbeiten, dem Empfangen von Visionen und dem Leben nach einer strengen Moral erreichen. Mädchen sollten sehr darauf achten ihre Reinheit zu bewahren, denn wie schon im Punkt 3.2 erwähnt, reichte schon ein falsch interpretierter Blick um den Ruf eines Mädchen zu verschlechtern.[34]
Während den Jungs ein relativ großes Maß an Freiheit und Selbstständigkeit zugesprochen wurde, lebten die Mädchen zusammen mit den anderen weiblichen Mitglieder des Stammes in inniger Gemeinschaft, in der die Mädchen alle Fähigkeiten und Fertigkeiten für ihre Zukunft als Frau lernten. Sie begleiteten die Frauen und bekamen von ihnen Unterweisungen, z. B. in der Bearbeitung von Fellen.[35]

5.4 Moralische Erziehung

Die moralische Erziehung orientiert sich an der Gruppenmoral und den ethischen Normen des Stammes, in deren Gemeinschaft gelebt wurde. Moral und Ethik wurden in der Erziehung durch Ermahnung und Rat, durch Vermittlung von positiven als auch negativen Lehren sowie durch den Ansporn des Ehrgeizes umgesetzt. Dabei kann in zwei Bereiche eingeteilt werden, welche in folgenden kurz erläutert werden.[36]

---

[32]vgl. S.44 [Wer08]
[33]vgl. S.8 [Lud07]
[34]vgl. S.7 [Lud07]
[35]vgl. S.77ff [Sei93]
[36]vgl. S.10 [Lud07]

5.4.1 Funktionale Erziehung

Die funktionale Erziehung soll das Überleben des Stammes sichern. Sie geschieht unbewusst und ist angepasst an das Zusammenleben und durch die praktischen Lebenserfordernisse innerhalb der Gemeinschaft. Um die Jungs an die Temperaturschwankungen auf der Jagd zu gewöhnen, die auch schon mal mehrere Tage andauern kann, wurden sie frühmorgens zu allen Jahreszeiten ins kalte Wasser geworfen. Des weiteren war dafür zu sorgen, dass die Kleinkinder nicht schreien, da dies menschliche als auch tierische Feinde ins Clanlager locken konnten.[37]

5.4.2 Intentionale Erziehung

Die intentionalen Erziehung geschah bewusst und sollte den Kindern die metaphysische Welt und ihre Zusammenhänge näher bringen. Es sollte klar werden, dass jedes Handeln auch Folgen hat - für einen selbst, für andere als auch für die Natur. Das wichtigste dabei ist für die Indianer das Leben in Einklang mit der Natur - respektvoll und verantwortungsbewusst. Spiritualität und Riten wurden immer im Beisein der Kinder vollzogen. Dies war bewusst beabsichtigt, damit die Kinder die Bräuche erlernen und verstehen.[38]

6 Mögliche Impulse für heutige Erziehungsmaßnahmen

Im Hobmair für Pädagogik wird die Erziehungsmaßnahme wie folgt definiert: "Eine Erziehungsmaßnahme ist eine bestimmte Handlung eines Erziehers, mit der er versucht, beim zu Erziehenden eine relativ dauerhafte Verhaltensänderung zu erreichen. Diese Verhaltensänderung entspricht bestimmten Erziehungszielen, die der Erzieher vor Augen hat."[39]
Die Erziehungsmaßnahme sollte aber in keinem Falle mit der Erziehungsmethode verwechselt werden, da sie eine komplexere Vorgehensweise ist mit der der Erzieher ein bestimmtes Ziel erreichen möchte. Dazu bedient er sich z. B. einer Erziehungsmaßnahme. Dabei werden die Erziehungsmaßnahmen in unterstützende und gegenwirkende unterteilt.[40]
Im folgenden werden exemplarisch einige Erziehungsmaßnahmen aufgegriffen, wie sie heute verwendet werden. Des weiteren soll geprüft werden ob bei den Indianern diese Maßnahme oder ein ähnliches Vorgehen vorhanden war.

---

[37] vgl. S.10f [Lud07]
[38] vgl. S.11 [Lud07]
[39] S. 240 [Hob08]
[40] vgl. S. 240f [Hob08]

6.1 Unterstützende Erziehungsmaßnahmen

"Unterstützende Erziehungsmaßnahmen sind alle Handlungen eines Erziehers, durch die ein angenehmer Zustand eintritt bzw. entsteht oder ein unangenehmer Zustand beseitigt, weggenommen bzw. entfernt wird und dadurch eine Verhaltensweise aufgebaut bzw. erlernt wird."[41]

Das Kind soll also darin bestärkt werden, sein eben gezeigtes Verhalten in Zukunft zu wiederholen. Dafür verwendet der Erziehende Maßnahmen wie Loben, Belohnen, Ermutigen und Zuwenden. Des weiteren zählen das Ermöglichen eines Erfolges, das Spiel als auch ein gutes Vorbild sein dazu.[42]

6.1.1 Verständnis von Lob

Bei den Indianern war das Loben sämtlicher Taten und vermeintlich unscheinbares Verhaltens die vorherrschende Erziehungsmaßnahme (siehe 5.1.3). Dadurch wurde ihnen Achtung geschenkt und bewusst gemacht, dass die Erwachsenen ihr Tun registrierten und guthießen. In der heutigen Pädagogik wird das Lob unter dem Aspekt des häufigeren Zeigens und Erlernens einer erwünschten Verhaltensweise verstanden. Es wird gezielt eingesetzt und so in seiner Häufigkeit beschränkt, denn zu häufiges Lobens führt nach heutiger pädagogischen Auffassung zu einer Abstumpfung beim Kind, sodass die gewollte Wirkung ausbleibt oder das Kind die Tätigkeit nur des Lobes wegen und nicht um der Sache willen macht.[43]

Leider ist es nicht möglich zu beobachten welche Wirkung das Lob bei den indianischen Kindern hatte, da sich die heute lebenden Angehörigen der ethnischen Gruppen der frühen Nordamerikaner an die Kultur der europäischen Einwanderer angepasst haben bzw. dazu genötigt wurden.

6.1.2 Verständnis des Spiels

Das Spiel ist eine indirekte Erziehungsmaßnahme, die bei den Indianern ebenso wie heute genutzt wird. "Das Spiel ist eine aus der Neugierde und dem Bewegungsdrang entstehende, lustvoll erlebte und Freude bereitende sowie freiwillige und zweckfreie geistige und/oder körperliche Tätigkeit und Auseinandersetzung des Kindes mit seiner Umwelt."[44]

Bei den Indianern gab es keine feste Institution namens Schule, sodass die Kinder zumeist neben den Unterweisungen der Großeltern aus ihren Spielen lernten. Bei den nichtsesshaften Stämmen bekamen die Mädchen ein kleines Tipi (die typische Behausung der Prärie und Plains) zum Spielen, das exakt genauso viele Pfosten wie das große der Mutter

---

[41] S. 242 [Hob08]
[42] vgl. S.241ff [Hob08]
[43] vgl. S.242ff [Hob08]
[44] S. 253 [Hob08]

hatte. Damit konnten sie schon früh den Auf- und Abbau eines Tipis üben, denn desto älter die Mädchen wurde, desto größer wurde ihre Tipis bis sie zum Schluss als Frauen ein Tipi in der Originalgröße hatten, in dem sie dann wohnten.[45]

Auch in der modernen Pädagogik ist das Nachahmen der Welt der Erwachsenen erwünscht. So spielen die Kinder z. B. mit Imitationen von Arztkoffern, Telefonen, Kaufmannsläden sowie mit Puppenwägen und -geschirr. Damit versuchen sie ihre Umwelt nachzuvollziehen und zu verstehen.[46]

Des weiteren wurden bei den Indianern und werden auch heute in sportlichen und gleichzeitig spielerischen Wettkämpfen die Motorik (z. B. Ausdauer, Koordination) und das soziale Verhalten (z. B. Gewinner-Verlierer-Situation) gefördert und gestärkt. Daraus ist ersichtlich, dass trotz voneinander unabhängiger Entwicklung der Erziehung das Spiel bei den Indianern und in der heutigen Pädagogik ein wichtiges Element darstellt.

6.2 Gegenwirkende Erziehungsmaßnahmen

"Gegenwirkende Erziehungsmaßnahmen sind alle Handlungen eines Erziehers, durch die ein unangenehmer Zustand eintritt bzw. entsteht oder ein angenehmer Zustand beseitigt, weggenommen bzw. entfernt wird und dadurch eine Verhaltensweise abgebaut bzw. verlernt wird."[47]

Das Kind soll dadurch angehalten werden sein Verhalten nicht nochmal zu wiederholen, da es ggf. nicht den Werten und Normen der Gesellschaft entspricht, in der das Kind lebt. Zu diesen Maßnahmen zählen das Belehren, Ermahnen, Tadeln, Drohen und Strafen.[48]

6.2.1 Körperliche Gewalt

Körperliche Gewalt ist in modernen pädagogischen Quellen so gut wie gar nicht mehr anzutreffen. Physische Züchtigung in der Erziehung ist in Deutschland per Gesetz verboten: "Kinder haben ein Recht auf gewaltfreie Erziehung. Körperliche Bestrafungen, seelische Verletzungen und andere entwürdigende Maßnahmen sind unzulässig."(§1631 Abs.2 BGB) Doch in diversen Internetforen[49] sind lebhafte Diskussionen zu dem Thema zu finden, die sich jeglicher logischen und pädagogischen Herangehensweise entziehen. Das zeigt wiederum, dass in einer Gesellschaft, in der es Gewalt gegen Kinder gab und diese auch noch gutgeheißen wurde, ein langer Prozess nötig sein wird um ganz davon abzukommen. Bei den Indianern brauchte es dieses gesellschaftliche Umdenken nicht, da die körperliche Bestra-

---

[45]vgl. S.54 [Hir01]/ S.22f [Piq06]
[46]vgl. S. 253ff [Hob08]
[47]S. 248 [Hob08]
[48]vgl. S. 248ff [Hob08]
[49]z. B. http://www.gutefrage.net/frage/koerperliche-zuechtigung-in-der-erziehung; gesehen am 30.01.2013; 23:40 Uhr

fung erst gar nicht angewandt wurde (bis auf einige Stämme im Great Basin und Plateau).[50]

6.2.2 Verspotten und Beschämen

Im Vergleich zum Lob war der Spott bei den Indianern eine seltene Erziehungsmaßnahme, die sich darin verstand über spottenden Humor dem Kind sein Fehlverhalten vor Augen zu führen. Dies könnte der gesunden Scham zugezählt werden, welche das Selbstwertgefühl sowie die Grenzen des Selbst reguliert und schützt. Dahingegen gibt es noch die pathologische oder auch traumatische Scham, wenn die vorhergenannten Grenzen auf chronische oder traumatische Art und Weise überschritten werden. Es kommt zu einer Beeinträchtigung des Selbstwertgefühles und dem Gefühl der Wertlosigkeit und Nichtigkeit der eigenen Person. Beschämte Personen geht es in erster Linie nicht um die direkte Bestrafung, sondern um die Angst aus der Gesellschaft verstoßen zu werden, was auch der soziale Tod genannt wird.[51]

Scham und Beschämung sind auch immer abhängig von der Kultur und den darin vertretenden Werten. Wenn in der heutigen Zeit verspottet wird, geschieht das zumeist um die betroffene Person abzuwerten und die eigene Person daraufbauend als besser darzustellen. Das Selbstwertgefühl wird herabgesetzt. Kompetenzen und das Lernen werden nicht weiter ausgebaut sondern blockiert oder gehen sogar zurück.[52] Darum ging es bei den Indianern nicht. Die Kinder sollten durch den Spott ihr falsches Verhalten erkennen und verbessern. Zumeist war ihr Selbstvertrauen durch die sehr offene Erziehung sowieso gestärkt. Der spottende Erwachsene zog keinen persönlichen Profit aus seiner Tat, sondern es kam der Gemeinschaft zugute, wenn das Kind auf humorvolle Weise sein Fehlverhalten erkannte und änderte. Ein gesundes Schamgefühl kann sogar dazu beitragen, dass die Kompetenzen erweitert werden und herausgefunden wird: "Wer bin ich? Was kann ich? Welches sind meine Grenzen?"[53]

Im Grundgesetz der Bundesrepublik Deutschland steht: "Die Würde des Menschen ist unantastbar." (Artikel 1 Abs. 1 GG). Es beinhaltet auch, dass Kinder in der heutigen Gesellschaft weder der Beschämung, Bloßstellung, Verhöhnung noch der Diskriminierung ausgesetzt sein sollten, unabhängig ihrer sozialen Herkunft.[54] Verspotten und Beschämen von Kindern wird als ein sehr negatives Erziehungsmittel gesehen, vor dessen Anwendung in sämtlicher pädagogischen Literatur gewarnt wird. Welche Auswirkungen es auf die Kinder der Indianer hatte, ist heute nicht mehr nachvollziehbar. Aber durch die seltene Nutzung des Spottes kann davon ausgegangen werden, dass dieser auch nur in Situationen angewandt wurde, in denen das Kind extrem von den Werten und Normen seines Stammes abgewichen ist.

---

[50]vgl. S.41 [Sei93]
[51]vgl. S. 6ff. [Mar05]
[52]vgl. S. 6ff. [Mar05]
[53]S. 11 [Mar05]
[54]vgl. S. 6ff. [Mar05]

7 Fazit

Es ist doch sehr erstaunlich, dass ein Naturvolk hunderte Jahre vor den Reformpädagogen der europäischen Kultur so fortgeschrittene Erziehungsansichten vertrat. Im Gegensatz dazu waren Kinder in Europa kleine Erwachsene, die schwer arbeiteten und der Prügelstrafe ausgesetzt waren.

Die Indianer lebten im Einklang mit der Natur und allen Lebewesen und gaben diese Haltung auch an ihre Kinder weiter. Sie hatten Respekt vor dem Leben und achteten dies als einen sozialen Wert ihrer ethischen Vorstellungen. Dahingegen braucht es in der modernen globalen Gemeinschaft erst das Schreckgespenst des Klimawandels für eine Rückbesinnung auf die Natur, die unwiederbringlich mit menschlichen Einschneidungen markiert ist. Auch das jede Handlung Folgen hat, die auf die Kosten der Nachkommen gehen, war den Indianern schon bewusst. Sie sahen den Menschen als Teil der metaphysischen Welt. Und dieses Bewusstsein spiegelte sich in ihrer Spiritualität wider. Im Vordergrund stand immer die Gemeinschaft und ihr Überleben, während in der modernen "Ellbogengesellschaft" jeder egoistisch seinen Platz einnimmt und verteidigt. Dies macht sich am Beispiel des Eigentums deutlich. Wird sich hierzulande über Qualität und Quantität des persönlichen Eigentums definiert, so spielte es bei den Indianern eine weit untergeordnete Rolle. So war den Indianern nicht verständlich, warum die europäischen Einwanderer ihnen Geld gaben und dafür ein Stück Land umzäunten, auf das keiner mehr hinaufdurfte, denn im Sinne der Indianer gehörte Land niemanden und stand allen zur freien Verfügung. Aufgrund dessen kam es im weiteren Verlauf der Geschichte immer wieder zu Auseinandersetzungen.[55]

Bewundernswert ist auch das große Vertrauen in das Kind selbst und die anfängliche Erziehungsfreiheit, was dem Erziehungsstil des Laissez-faire nahekommt. Die Kinder werden nicht in Watte gepackt, sondern dürfen sich selbst in ihrer Umwelt ausprobieren und somit selbstständig erkunden, was ein gesundes Selbstvertrauen mit sich bringen kann.

Um Ideen aus den vergangenen indianischen Erziehungsansätzen ziehen zu können, müsste tiefer in das Thema hinein geforscht und speziell die einzelnen Stämme untersucht werden, da sie ähnliche Werte und Normen vertraten, aber darüber hinaus die Erziehung an ihre Lebensumwelt angepasst hatten. Leider ist es heutzutage nicht mehr möglich noch mehr über das Leben und die Traditionen der alten Indianer zu erfahren, als das was schon in wenigen Büchern festgehalten worden ist. Grund dafür ist die flächendeckende Ausrottung der Indianer im Zuge der Besiedlung Nordamerikas durch europäische Einwanderer und die damit verbundene Löschung alten indianischen Wissens, das nur mündlich überliefert wurde.[56] Daher werden umfangreiche Forschungen von Nöten sein, falls sich die modernen Erziehungswissenschaften auf die naturverbundene Erziehung zurückbesinnen und mit ihr die jetzige Pädagogik voranbringen möchten.

---

[55]vgl. S. 3f. [Lud07]
[56]vgl. S. 14 [Lud07]

8 Literaturverzeichnis

Literatur

[Egg00] Eggebrecht, Harald; Die Töchter der Spinnenfrau, In: GEOepoche: Die Indianer Nordamerikas, Nr.4/ Oktober 2000, S. 112 - 115, Gruner + Jahr AG & Co Druck- und Verlagshaus, Hamburg

[Fah04] Fahrenholz, Uwe; Globales Lernen und Indianische Erziehung, Dissertation, 2004, FernUniversität Hagen; http://deposit.fernuni-hagen.de/16/1/Dissertation-Fahrenholz.pdf

[Hir01] Hirschfelder, Arlene; Die Geschichte der Indianer Nordamerikas, Gerstenberg Verlag, Hildesheim, 2001

[Hob08] Hobmair, Hermann u. a.; Pädagogik, Bildungsverlag EINS, Troisdorf, 2008 (4. Auflage)

[Lud07] Ludwig, Kirsten; Indianische Erziehung - Traditionelle Aspekte der indianischen Erziehung, Studienarbeit, 2007, Justus-Liebig-Universität Gießen; veröffentlicht durch: GRIN Verlag, München/Ravensburg, 2007 (1.Auflage)

[Mar05] Marks, Stephan; Von der Beschämung zur Anerkennung; 2005; Pädagogische Hochschule Freiburg; https://www.ph-freiburg.de/fileadmin/dateien/fakultaet3/sozialwissenschaft/Marks/B___W_Artikel.pdf

[Piq06] Piquemal, Michel; Das Leben der Kinder bei den Indianern, Knesebeck GmbH & Co. Verlag KG, München, 2006 (1. Auflage)

[Sei93] Seidenfaden, Fritz; Indianische Erziehung, Baum Publications, Idstein/Taunus, 1993

[Sim10] Simpson, Judith; Indianer - Indianerstämme und ihre Bräuche, Ravensburger Buchverlag Otto Maier GmbH, Ravensburg, 2010

[Wer08] Werner, Arens; Braun, Hans-M.; Die Indianer Nordamerikas - Geschichte, Kultur, Religion; Verlag C.H. Beck oHG, München, 2008 (2. Auflage)

BEI GRIN MACHT SICH IHR WISSEN BEZAHLT

- Wir veröffentlichen Ihre Hausarbeit, Bachelor- und Masterarbeit

- Ihr eigenes eBook und Buch - weltweit in allen wichtigen Shops

- Verdienen Sie an jedem Verkauf

Jetzt bei www.GRIN.com hochladen und kostenlos publizieren